DIE STADT
CHESTER

Die historische Stadt Chester am Dee-Fluß ist heute noch genau wie vor
zwei Jahrhunderten eine Wonne für den Besucher. Das blühende
Wirtschafts- und Verwaltungszentrum hat seine 1900-jährige Geschichte
nicht vergessen. Innerhalb seiner mittelalterlichen Stadtmauern drängen
sich sorgsam und liebevoll restaurierte Gebäude jeglichen Alters und
bilden einen farbenfrohen Hintergrund für das geschäftige
Leben der Stadt.

Auch an Unterhaltung mangelt es nicht. Flachrennen auf der ältesten
Rennbahn Englands, Regatten, Theater und Musikfeste sind nur ein
Ausschnitt aus dem Unterhaltungsangebot von Chester.

Ein gemächlicher Spaziergang durch die stadt Chester hinterläßt
unauslöschliche Erinnerungen an schwarz-weiße Gebäude, die
einmaligen überdachten Fußgänger-Galerien in den Rows, und die
Stille der Kathedrale und der Uferwege.

D1731476

DIE GESCHICHTE DER STADT CHESTER

ZUR RÖMERZEIT

ca.79   Die Römer errichten eine Festung in Deva als Basis für militärische Einsätze gegen die Waliser.

ca.86   Stationierung der 20. Legion der Römer, Valeria Victrix, in Deva.

IM FRÜHEN MITTELALTER

650   Wahrscheinlich lassen sich um diese Zeit die ersten Sachsen in Chester nieder.

958   Die Kirche St Peter und St Paul wird zu St Werburgh.

1069–70 Baubeginn an der Burg Chester.

1092   Die Kirche St Werburgh wird Benediktinerabtei.

IM MITTELALTER

1175   Chester erhält seine erste Königliche Charta.

1301   Beginn der Tradition, daß der Thronfolger u.a. auch den Titel 'Earl of Chester' trägt.

1353   Der Schwarze Prinz kommt nach Chester.

1402   Chester gegen Owen Glendower auf Seiten Heinrichs IV.

1475   Chester verzeichnet bereits 19 Gilden.

ZUR TUDORZEIT

1506   Anerkennung der Stadtversammlung als regierendes Organ der Stadt und der Unabhängigkeit Chesters vom übrigen Cheshire durch Heinrich VII.

1541   Abtei wird zur Kathedrale der neuen Diözese Chester.

1575   Die zur Pfingstzeit von den Gilden vorgeführten Mysterienspiele werden verboten.

1603–5 1.300 Einwohner werden Opfer der Pestepidemie.

ZUR ZEIT DER STUARTS

1644–6 Belagerung von Chester durch die Parlamentarier.

1645   Der Überlieferung nach hat Karl I. die Niederlage seines Heeres von der Stadtmauer aus mit angesehen.

1646   Chester ergibt sich den Parlamentariern.

1655   Die Burg wird von den Parlamentariern unhaltbar gemacht.

IN GEORGISCHER ZEIT

1768–9 Das Eastgate wird an der Stelle des mittelalterlichen Stadttores erbaut.

1770–80 Anschluß Chesters an das Union Canal System.

1788   Beginn des Neubaus von Burg Chester.

1832   Eröffnung der Grosvenor-Brücke durch Prinzessin Viktoria.

IN VIKTORIANISCHER ZEIT

1848   Fertigstellung des Hauptbahnhofs.

1852   Eröffnung der Queen's Park Hängebrücke über den Dee.

1869   Eröffnung des Rathauses.

1880–90 Dem Zeitgeschmack entsprechend entsteht das schwarz-weiße Stadtbild im Stil des Mittelalters.

1899   Errichtung der Eastgate-Uhr.

NEUZEIT

1931   Eröffnung des Zoos.

1975   Eröffnung des ersten britischen Heritage Centres.

1982   Chester erhält Europapreis für Gebäudeerhaltung.

Ich sehe die Fundamente von Gebäuden in den Straßen, aus mächtigen, riesigen Quadern und es scheint, daß sie in harter Arbeit von Römern gelegt wurden, oder von Riesen ...

RANULF HIGDEN, 14. JAHRHUNDERT

Das heutige Chester steht an der Stelle einer alten Römerfestung, die 79 n.Chr. als Basis für militärische Einsätze gegen die Waliser erbaut wurde. Die Festung wurde auf einem Sandsteinplateau in einer Biegung des Dee-Flusses (daher 'Deva') erbaut, so daß der Fluß auf zwei Seiten einen natürlichen Verteidigungsgraben darstellte. Es war die niedrigste Flußstelle, wo eine Brücke geschlagen werden konnte, und die höchste für Seeschiffe erreichbare Stelle.

Die ursprüngliche Festung aus Soden und Holz wurde später durch eine steingebaute ersetzt. Die römischen Steinmetz-

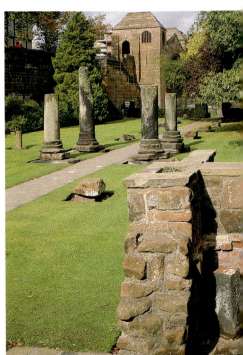

LINKS: Das Hypo-
kaustum war
das System der
römischen
Zentralheizung.

Von einer Feuer-
stelle aus wurden
Rauchgase unter
dem Fußboden
entlang geleitet.

(heute Northgate Street) und der Via Prae-
toria (heute Bridge Street) von Norden
nach Süden. Diese Straßen waren die
Verbindung zwischen den vier Haupt-
toren, und unweit ihrer Kreuzung standen
die Hauptquartiere der Militärregierung
und des Kommandanten. Ausgrabungen
an anderen Stellen der Stadt legten Überreste von Badehäusern, Kornspeichern,
Kasernen und Tempeln frei.

Die Festung wurde zunächst von der 2.
Adiutrux Legion und dann von Agricolas
XX. Valeria Victrix Legion bemannt.
Später war sie eher eine 'Bürgerfestung'
als ein Zentrum aktiver Kampagnen.
Die Römer waren auf örtliche Produkte
und Materialien angewiesen – Salz aus
Cheshire, Mineralien aus Nord-Wales
und Anglesey –, so daß Chester zweifellos
zum Handelszentrum wurde.

UNTEN: Der Römer-
garten außerhalb
von Newgate. Die
Säulen stammen aus
dem Legionärsbad –
im Vordergrund die
Rekonstruktion
eines Hypokaus-
tums.

Techniken waren denen des Mittelalters
überlegen, und viele Beispiele haben die
Jahrhunderte überstanden.

Das High Cross, seit Jahrhunderten
Mittelpunkt des städtischen Lebens, steht
an der Kreuzung der alten römischen
Straßen: der Via Principalis (heute Eastgate und Watergate Streets) von Osten
nach Westen, und der Via Decumana

RECHTS: Die nörd-
liche Hälfte des
Amphitheaters
südwestlich der
Mauern wurde
1929–34 und
1965–69 aus-
gegraben. Mit
seinen 7.000 Plätzen
war es vermutlich
das größte in
Britannien und
wurde für
Militärübungen,
Gladiatoren- und
Tierkämpfe sowie in
geringerem maße
für Hinrichtungen
verwendet. Im
Vordergrund, u.zw.
westlich vom Nord-
eingang, befinden
sich die Überreste
eines Schreins der
Göttin Nemesis.

VORHERGEHENDE
SEITE: Alte Dee-
Brücke, 14. Jh.

Nach dem Abzug der Römer im Jahre 383 n.Chr. ist über die 'Festung der Legionen' mehrere Jahrhunderte lang wenig bekannt. Vermutlich war sie niemals völlig unbewohnt, und die ersten Sachsen dürften sich 650 n.Chr. dort niedergelassen haben. König Aethelred von Mercia soll zwei Kirchen gegründet haben: St John, außerhalb der Mauern, und St Peter und St Paul an der Stelle der heutigen Kathedrale. Urkundlich belegt ist, daß König Egbert 829 n.Chr. Chester einnahm, und sein Sohn Aethelwulf zehn Jahre danach dort gekrönt wurde.

Zu Beginn des 10. Jh. verbündete sich eine aus Irland kommende Wikinger-Gruppe, der Aethelred Land gegeben hatte, mit den Dänen zu einem erfolglosen Angriff auf Chester. Seine Gattin Aethelflaeda (die 'Lady of the Mercians') restaurierte die Festung und erbaute am Fluß außerhalb der römischen Verteidigungsanlagen eine Burg. (Chester war eine von vielen Städten oder 'burhs', die zu jener Zeit befestigt waren.) Sie veranlaßte ferner, daß die Kirche St Peter und St Paul

als St Werburgh neu geweiht wurde, und widmete St Oswald eine Kapelle und St Peter eine Kirche.

Der Hafen von Chester blühte. Eine irische Wikinger-Gemeinde, die vermutlich mit dem Gerben und Verarbeiten von Fellen beschäftigt war, ließ sich in Lower Bridge Street nieder, und eine erfolgreiche Münze begann sich zu entwickeln. Chester errang allmählich wieder seinen ehemaligen Status, was der Sachsenkönig Edgar vermutlich erkannte, der sich, wie es heißt, von acht Keltenkönigen, die gekommen waren, den Treueid abzulegen, feierlich von seinem Palast zur Kirche St John rudern ließ.

OBEN: Der Roodee stammt vermutlich aus dem 5. oder 6. Jh. und liegt an der Stelle des alten Römerhafens. Der Name verbindet das angelsächsische 'rood', 'Kreuz', mit 'ee', 'Insel'.

OBEN LINKS: Dieser Silberpfennig ist das Werk des Münzprägers Othulf und stammt aus der Münze Aethelreds II. in Chester.

LINKE SEITE: Die Reliquien der hl. Werburgh wurden im 10. Jahrhundert zur sicheren Aufbewahrung nach Chester gebracht. Der Schrein steht heute in der zum Teil restaurierten Marienkapelle der Kathedrale.

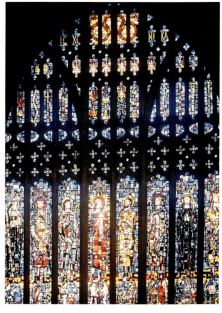

GEGENÜBERLIEGEN DE SEITE: Das großartige Chorgestühl aus dem frühen 14. Jh.

OBEN LINKS: Der Kreuzgang wurde größtenteils erneuert und restauriert.

OBEN RECHTS: Das große Westfenster von W. T. Carter-Shapland.

UNTEN: Ein prächtig geschnitzte Pelikan am Platz des Vizedekans.

Die heutige Kathedrale steht auf dem Gelände der angelsächsischen Kirche St Werburgh, wo Hugh d'Avranches mit Hilfe von Bischof Anselm 1092 eine große Benediktinerabtei gründete. Die Abtei war ein blühendes Zentrum monastischen Lebens und wurde bis zur Auflösung der Klöster im Jahre 1540 von vielen Pilgern besucht. Ein Jahr danach wurde die Abteikirche zur Kathedrale der neugebildeten Diözese von Chester. Obwohl die Kathedrale noch immer im wesentlichen mittelalterlich ist, wurde im Lauf der Jahrhunderte doch ein Großteil der ursprünglichen Bausubstanz ersetzt.

Die ältesten, auf das 12. Jh. zurückgehenden Teile der Kathedrale sind im nördlichen Querschiff und im Kreuzgang zu finden. Vom Kreuzgang gelangt man in das Refektorium aus dem 13. Jh. mit einer schönen steinernen Wandkanzel und einer vortrefflichen bogenverstrebten Stichbalkendecke von F. H. Crossley (1939). Ebenfalls aus dem 13. Jh. stammten das Kapitelhaus und die Marienkapelle mit dem Schrein der hl. Werburgh.

Im 14. Jh. verlängerten die Mönche das südliche Querschiff, und die Arbeit am Hauptschiff begann. Neben dem Westfenster gestatten die normannischen Bögen den Durchgang in die Taufkapelle, und eine Tür führt zu dem unvollendeten Südwest-Turm (begonnen um 1580) mit dem Konsistorialgericht des 17. Jh. Die schöne Holzdecke stammt aus dem 16. Jh.

Gegen Ende des 19. Jh. wurden umfangreiche Restaurierungsarbeiten vorgenommen. Die Orgelempore, die Chorschranke und viele der Buntglasfenster sind aus jener Zeit, ferner die Strebebögen.

. . . diese Region steht an Fruchtbarkeit des Bodens vielen Landesteilen Englands nach, doch sie hat stets mehr Leute von Rang und Namen hervorgebracht als der Rest.

WILLIAM CAMDEN, BRITAIN, 1610
(ÜBERSETZUNG VON PHILEMON HOLLAND)

Im Jahre 1070, vier Jahre nach der Schlacht von Hastings, wurde Chester von Wilhelm dem Eroberer eingenommen. Im folgenden Jahr wurde das *Earldom von Chester* geschaffen, und die Stadt gelangte in die Hände einer Folge von acht normannischen Grafen, deren letzter 1237 verstarb, woraufhin Chester wieder an die Krone zurückfiel. Unter der harten Herrschaft der Normannen war Chester praktisch ein unabhängiges Königreich geworden mit eigenen Gesetzen und Steuern, eigenem Adel, eigenem Heer und eigener Gerichtsbarkeit.

Chester wurde der Haupthafen für Nordwest-England und erhielt 1175 seine erste Königliche Charta, die seine Handelsrechte mit Irland bestätigte. Die nächsten beiden Jahrhunderte brachten für Chester seine höchste Blüte. Rohmaterialien – Felle, Tuch sowie irisches Leinen und Wolle – wurden importiert, aber auch Luxusartikel wie französischer Wein, spani-

OBEN LINKS: Das 'Falcon Inn' am oberen Ende von Lower Bridge Street stammt aus dem 14. Jahrhundert.

LINKS: Der 'King Charles's Tower' in der nordöstlichen Ecke der Römerfestung ist der am besten erhaltene mittelalterliche Turm in Chester.

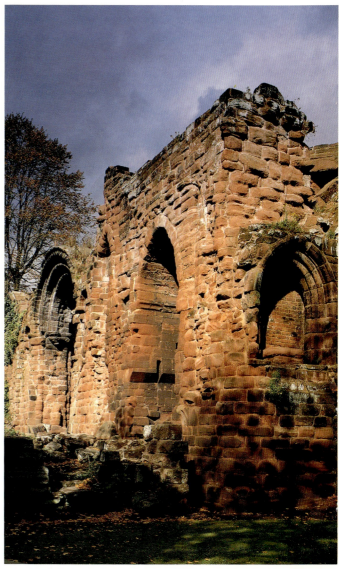

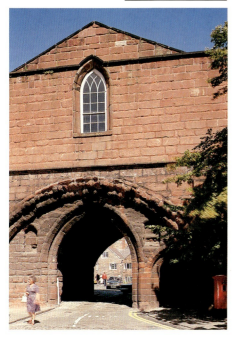

sche Eisenwaren, Obst und Gewürze, und heimische Produkte wie Käse, Salz, Handschuhe und Kerzen wurden exportiert.

Wieder wurde Chester als Ausgangsbasis für Kampagnen gegen die Waliser benutzt, doch nach dem Sieg Eduards I. über Llywelyn ap Gruffydd genoß es ein höheres Maß von Sicherheit.

Im Jahre 1300 übergab Eduard I. Chester für eine jährliche Zahlung von £100 an seine Bürger, was einen wichtigen Anstoß für die Entwicklung des Selbstverwaltungssystems gab, wie es Chester heute noch kennzeichnet.

OBEN: Die Kirche St John ist ein schönes normannisches Bauwerk, da wo einst eine angelsächsische Kirche stand. Sie war früher einmal die Kathedrale der Diözese von Lichfield.

LINKS: Das mächtige Abteitor aus dem 14. Jh. Der obere Teil wurde um 1800 erneuert.

... man kann trockenen Fußes gehen ... in Galerien, die sie die Roes nennen, und die Läden zu beiden Seiten und darunter haben, mit mehreren guten Treppen, um hinauf oder hinunter in die Straße zu gehen.

UNBEKANNT, 16. JAHRHUNDERT

OBEN: Das Tudor-Haus Nr. 29 und 30 Lower Bridge Street gilt als ältestes Haus in Chester und wurde um 1503 erbaut. Es wurde vor einigen Jahren geschickt restauriert.

LINKS: Der Stanley-Palast in Watergate Street wurde 1591 von Peter Warburton, einem Juristen und Abgeordneten für Cheshire, erbaut. Er wurde zur Stadtresidenz der Familie Stanley von Alderley und fiel später an deren Verwandte, die Grafen von Derby, die am nahen Watergate die Zölle erhoben. Er wurde 1928 an den Stadtrat verpachtet und seither gründlich restauriert.

RECHTS: Foregate Street verläuft jenseits von Eastgate entlang der alten römischen Watling Street. Um diese Straße entstand eine Gruppe von Häusern. Nr. 70 ist das einzige noch erhaltene Tudor-Haus; Baujahr 1571.

Zur Tudor-Zeit konzentrierte sich das städtische Leben um die vier Hauptstraßen, doch auch Felder und Obstgärten gab es noch innerhalb der Mauern. Viele mittelalterliche Bauten einschließlich der Kathedrale und der Burg wurden umgebaut oder erneuert, und viele Holzhäuser fielen dem Brand von 1565 zum Opfer.

Das Versanden des Dee hatte zur Folge, daß größere Schiffe etwa 10 Meilen flußabwärts ankern mußten, doch kleinere Boote konnten noch am Wasserturm festmachen. Die Wirtschaft blühte, und die Handwerksgilden wahrten die Interessen ihrer Mitglieder durch Regelung von Preisen, Löhnen und Handel und wurden immer mächtiger. 1506 wurde die Stadtversammlung als regierendes Organ der Stadt und die Unabhängigkeit Chesters vom übrigen Cheshire von Heinrich VII. anerkannt.

Es war viel los in der wohlhabenden Stadt, verschwenderische Lustbarkeiten und öffentliche Spektakel, Märkte, zwei Jahrmärkte und die aufsehenerregende *Midsummer Show*. Das alljährliche Faschingsdienstags-Fußballspiel wurde 1539–40 'angesichts des großen Wehs und Streits' verboten, doch durch Bogenschießen sowie Fuß- und Pferderennen ersetzt.

LINKS: Der 'Pied Bull' in Northgate Street ist eines der ältesten Wirtshäuser von Chester. Es war 1553 die Residenz des 'Recorders' und stammt größtenteils aus jenem Jahr. 1664 wurde es aus Ziegeln neu gebaut, und die Vorderseite mit den Lauben über dem Gehsteig kam im 18. Jahrhundert hinzu. Ab 1780 war es ein PostkutschenWirtshaus, und es trägt ein Schild mit den Entfernungen zwischen Chester und London sowie verschiedenen anderen Orten.

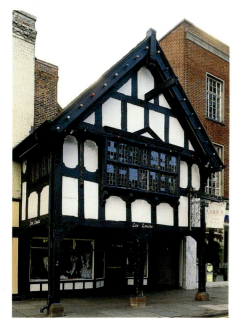

Die Mysterienspiele waren ein wesentlicher Teil der städtischen Prachtentfaltung. Seit 1422, als zum ersten Mal ein Spiel aufgeführt wurde, waren die Gilden mit den Vorstellungen verknüpft. Im 16. Jh. wurde bereits ein kompletter Zyklus von 25 Spielen aufgeführt, jeweils zunächst am Abteitor und dann am *High Cross*. Die Spiele, die 1575 verboten worden waren, wurden 1951 vom Stadtrat von Chester wieder zum Leben erweckt.

OBEN: Die biblischen Mysterienspiele wurden den passenden Gilden zugewiesen. Die Wasserschöpfer des Dee z.B. waren für die Geschichte von der Sintflut, die Bäcker für das Letzte Abendmahl zuständig.

D er 1642 ausgebrochene Bürgerkrieg traf Chester tief. Die Royalisten waren in der Stadtversammlung weitaus stärker vertreten als die Puritaner, und Chester erklärte seine Unterstützung für König Karl I. Truppen wurden in Chester stationiert, und die Verteidigungsanlagen wurden hergerichtet. Chester war ab 1644 belagert, bis es sich 1646 den Parlamentariern ergab. Viele Gebäude wurden zerstört, und die Stadtkämmerei wurde schwer belastet, denn sie sollte nicht nur die Belagerungskosten tragen, sondern auch die Sache der Royalisten subventionieren. Städtisches Silbergerät im Werte von 100 Pfund wurde eingeschmolzen, um Münzen zu prägen. Karl I. kam während des Krieges zweimal nach Chester, einmal 1642, das zweite Mal 1645, als er der Überlieferung nach die Niederlage seines Heeres von der Stadtmauer aus mit ansah.

Ende des 17. Jh. hatte sich Chester wieder erholt und entwickelte sich zu einem regionalen Handelszentrum. Es hatte einen regen Küstenhandel, trieb aber

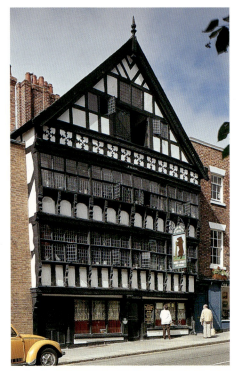

LINKS: Die 'Neun Häuser' in Park Street (heute sind es nur noch sechs) sind Fachwerk-Armenhäuser auf Sandsteinsockeln – eine für Chester ungewöhnliche Materialkombination. Sie tragen die Jahreszahl 1658.

LINKS UNTEN: Das Haus 'The Bear and Billet' (1664) unmittelbar am Bridge-Tor, war 200 Jahre lang das Stadthaus der Grafen von Shrewsbury. Die beiden Fensterreihen enthalten über 1.000 Scheiben.

LINKS UND UNTEN: Der rechte Giebel von 'Bishop Lloyd's House' in Watergate Street weist schöne Schnitzereien auf. An der Vorderseite befindet sich eine Reihe von Feldern, die Wappentiere, biblische Szenen, das Emblem der Insel Man und das Wappen Jakobs I. aufweisen.

auch Handel mit dem Mittelmeerraum, dem Baltikum und Nordamerika.

Die Erzeugung von Schnupf- und Rauchtabak, Pfeifen und Filzhüten wurde eingeführt, und Schiffswerften und eine zeitweilige königliche Münze wurden errichtet.

Neue Häuser und neue öffentliche und kommerzielle Bauten entstanden. Holz war noch bis Ende des 17. Jh. das wichtigstes Baumaterial. Nach der Einführung von Ziegeln wurden viele Fachwerkhäuser neu verkleidet, und angesichts der Feuersgefahr wurden alle Strohdächer durch Ziegeldächer ersetzt.

LINKS: 'God's Providence House' (1652) in Watergate Street war das einzige Haus, das im 17. Jh. von der Pest verschont blieb. Als es 1860 abgerissen werden sollte, war die öffentliche Empörung so groß, daß es 1862 wieder in den ursprünglichen Zustand versetzt wurde. Gleichzeitig wurden die Fenster vergrößert und die dekorative Stuckarbeit hinzugefügt.

MITTE LINKS: Die 1626 aus Sandstein erbauten 'Abbey Cottages' stehen an der Stelle der alten Abteiküche.

UMSEITIG: Die Bridge Street Rows.

Ich war von Chester ganz bezaubert, so daß ich mich nur schwer losreißen konnte.

BOSWELL, 1779 (BRIEFE AN DR JOHNSON)

UNTEN: An der schattigen Uferpromenade an den Groves kann man noch immer ein Vergnügungsboot

Das 18. Jahrhundert brachte durch die Errichtung der Wegezollvereine eine erhebliche Verbesserung des landesweiten Straßennetzes. Chester wurde ein Zentrum für den Reisekutschen- und Frachtverkehr, und dank seines Reizes und seiner Vornehmheit kamen Besucher in zunehmender Zahl in die Stadt, so daß es schließlich nicht weniger als 140 schankberechtigte Wirtshäuser gab.

Chester paßte sich seiner neuen Rolle an: neue öffentliche und kommerzielle Gebäude wurden errichtet, elegante Villen und formelle Reihenhäuser im 'Londoner Stil' wie die an der Nord- und Westseite von Abbey Square wurden erbaut.

Ganze Abschnitte der Rows, der einzigartigen Fußgängergalerien über den Geschäften, verschwanden, doch die ver-

besteigen oder in der Sonne sitzen und in dem reizvollen Musikpavillon aus der Zeit Eduards VII. ein Konzert hören.

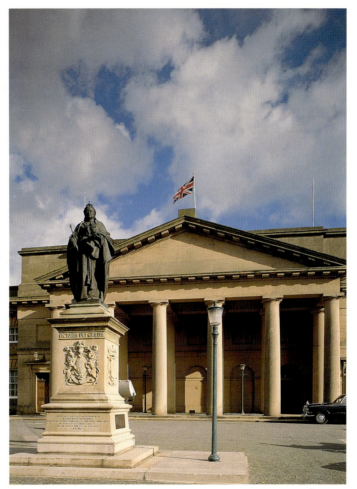

LINKS: Die Burg Chester wurde zur Zeit Wilhelms des Eroberers begonnen, wurde jedoch von 1788 bis 1822 von dem Architekten Thomas Harrison im klassizistischen Stil umgebaut.

UNTEN: Das 'Bishop's House' an der Ecke Abbey Street/Abbey Square ist ein schönes Beispiel der Architektur des 18. Jh. Der Baumeister war Edward Spencer aus Chester.

UNTEN LINKS: Diese Ansicht um 1780 zeigt die Burg Chester bevor sie von Harrison klassizistisch umgebaut wurde, sowie die Alte Dee-Brücke. Die Kirchen St Mary's-on-the-Hill und St John sind ebenfalls erkennbar.

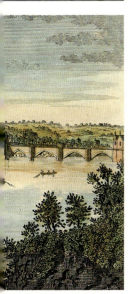

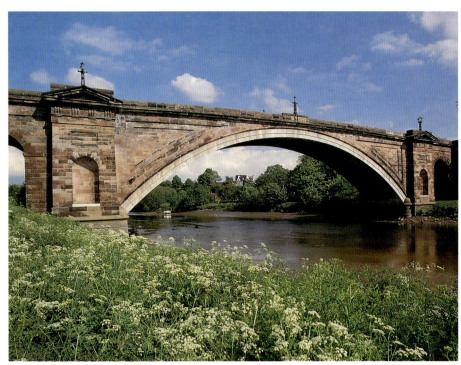

LINKS: Die Grosvenor-Brücke wurde 1832 von Prinzessin Viktoria eröffnet. Es war damals die längste eingespannte Bogenbrücke der Welt.

UNTEN: An seiner Nord- und Westseite wird Abbey Square von schönen Reihenhäusern im georgianischen Stil mit viel Detail gesäumt.

RECHTS: Diese Szene aus georgianischer Zeit zeigt einen Teil der Westseite von Northgate Street.

UNTEN RECHTS: Das derzeitige Eastgate wurde 1768/69 an der Stelle des mittelalterlichen Tores erbaut.

bleibenden wurden verbessert und unter den schützenden Dächern entstanden vornehme Geschäfte. Die vier mittelalterlichen Tore wurden durch Zierbögen ersetzt, um die Restaurierung der Stadtmauern abzuschließen und einen Mauergang rund um die Stadt zu schaffen. 1732 wurden die Groves am Flußufer zu einer Promenade umgestaltet, und 1817 wurde für die Rennbahnbesucher am Roodee eine neue Tribüne eröffnet.

Glücklicherweise entging die Stadt den schlimmsten Verheerungen der Industriellen Revolution. Trotz zögerlichen Fortschritts bei der Kanalisierung des Dee wurde Chester gegen Ende des 18. Jahrhunderts schließlich an das nationale Kanalnetz angebunden und wurde Teil des Shropshire Union Systems.

Chester wurde ein beliebter Aufenthaltsort für begüterte Familien, die die vornehmen Veranstaltungen in der Exchange, im Booth Mansion und im Royal Hotel schätzten. Es gab Konzerte, Bälle, Vorträge und Theater, und für die aktivere Besucher Hahnenkämpfe, Bowling, Bootsfahrten, Spaziergänge und die Höhepunkte der Saison, die Rennen und die Sitzungen des Geschworenengerichts.

Auch in viktorianischer Zeit hielt der Wohlstand in Chester an. Der Zeitgeschmack verlangte, das Mittelalter wiederaufleben zu lassen, und das charakteristische schwarz-weiße Stadtbild wurde weitgehend von Architekten wie John Douglas und Thomas Meakin Lockwood geschaffen. Auch andere Stile sind vorhanden. Die National Westminster Bank, an der Ecke Eastgate Street/St Werburgh Street, wurde von George Williams 1859/60 im klassizistischen Stil erbaut, und der holländische bzw. flämische Stil der Midland Bank unweit von Eastgate beruht auf einem Entwurf von John Douglas.

Die Bahnverbindungen nach Crewe und Birkenhead wurden 1840 eröffnet. City Road, die Verbindung vom Bahnhof zu Foregate Street, und Grosvenor Road, die Verbindung zwischen der neu eröffneten Grosvenor-Brücke und Bridge Street, waren die ersten größeren Veränderungen am mittelalterlichen Straßenschema.

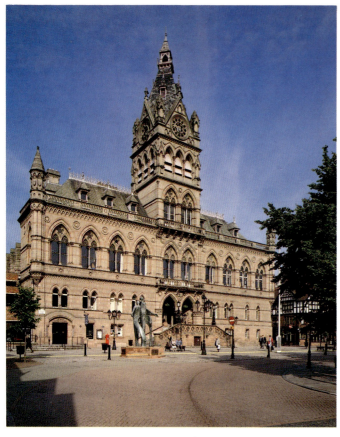

Die Hängebrücke über den Dee wurde 1852 eröffnet, und kurz danach begann die Planung für die Vorstadt Queen's Park. Die ärmeren Stadtbezirke wurden allmählich saniert: 1878 wurden Wasserklosetts eingeführt, und für Facharbeiter wurden Reihenhäuser gebaut. Im selben Zeitraum wurden an der Kathedrale und anderen öffentlichen Gebäuden in eindrucksvollem Umfang Restaurierungs und Umbauarbeiten vorgenommen, doch Chester behielt seinen einmaligen Charakter und florierte weiter.

OBEN: Der Bahnhof wurde von Thomas Brassey erbaut und 1848 fertiggestellt.

LINKS: Die elegante Queen's Park-Brücke wurde 1852 als Verbindung zwischen Chester und der Vorstadt Queen's Park gebaut.

GANZ LINKS: Das Rathaus von Chester wurde 1869 von SKH dem Prinzen von Wales eröffnet. Das von William Henry Lynn entworfene Gebäude hat einen 48m hohen Zentralturm. Die Uhr erinnert an die 1900-Jahrfeier von Chester.

RECHTS: Die Eastgate-Uhr wurde 1899 zum Gedenken an das diamantene Jubiläum Königin Viktorias angebracht.

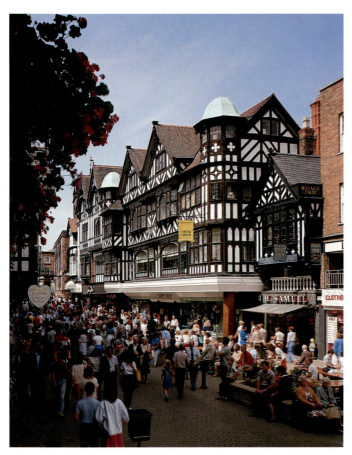

LINKS: Das 'Boot Inn' ist eine der ältesten Schenken in Chester.

OBEN: Das Kreuz war jahrhundertelang Mittelpunkt von Verwaltung und Gewerbe. Das Amt des städtischen Ausrufers wurde wieder eingeführt und Bekanntmachungen werden regelmäßig ausgerufen.

Das Chester von heute entging den industriellen Entwicklungen in benachbarten Gebieten und wurde zu einem Zentrum für Kommunalbehörden, Verwaltung und Handel sowie zu einem Anziehungspunkt für den Fremdenverkehr. Die Atmosphäre der Stadt und ihre guten Verbindungen zu den landschaftlich schönen Stellen von Cheshire, Nord-Wales und Merseyside machen sie zum idealen Ausgangspunkt für Ausflugsfahrten.

Chester ist höchst bemerkenswert für die Sorgfalt, die auf die Restaurierung seiner historischen Gebäude verwandt wurde. Es war die erste britische Stadt, die einen Beamten für Denkmalsschutz ernannte, und 1975 wurde das *Chester Heritage Centre* eröffnet, das erste Zentrum für die Wahrung des architektonischen Erbes in Großbritannien. Dank seines Renovierungsprogramms gewann Chester 1982 den Europäischen Preis für die

Erhaltung historischer Bauten. Die Europa Nostra-Medaille wurde 1990 zum zweiten Mal errungen.

Die Größe der Stadt erlaubt es, all ihre sorgfältig ausgeschilderten Schätze mühelos zu Fuß zu erreichen. Die Rows, unter denen sich ein modernes Einkaufszentrum verbirgt, bieten eine Vielfalt von Geschäften, Schenken und Restaurants, wo man von Verkehr und Wetter unbehindert bummeln kann.

1979 beging Chester seine 1900-Jahrfeier, und in Anerkennung seiner 500 jährigen Unabhängigkeit von der Grafschaft gewährte Königin Elizabeth II. der Stadt zwei Freibriefe, die ihr gestatten, viele der in der Großen Charta von 1506 bestätigten Privilegien beizubehalten. Der Bürgermeister ist somit noch immer berechtigt, sein Schwert mit der Spitze nach oben vor sich hertragen zu lassen und den Titel 'Admiral des Dee' zu führen.

UNTEN LINKS: Am Wasserturm legen noch immer die Kanalboote an.

RECHTS: Die 'St Michael's Buildings' in der Bridge Street wurden 1910 erbaut.

UNTEN RECHTS: Der beeindruckende Eingang zu 'St Michael's Buildings' führt in eine kühle, hohe Passage und von da in ein modernes Einkaufszentrum.

OBEN: Castle Street Period House, *Grosvenor Museum*. Dieses restaurierte Gebäude aus dem 17. Jh. enthält Räume, die, wie dieses viktorianische Schulzimmer, das Leben in einem Stadthaus vom 17. Jh. bis in die viktorianische Zeit veranschaulichen.

RECHTS: Deva Roman Experience, *Pierpoint Lane*. Eine römische Galeere bringt Sie zurück in die Vergangenheit. Auf einem Spaziergang durch die rekonstruierten Straßen fühlen sie sich in den Alltag des römischen Chester zurückversetzt.

OBEN MITTE: Chester Heritage Centre, *Bridge Street*. Die St Michaels-Kirche wurde 1975 ihrer gegenwärtigen Verwendung übergeben.

OBEN RECHTS: Das Spielzeug- und Puppenmuseum, *Lower Bridge Street*. Das deutsche Uhrwerk-Karussell, *ca.* 1905, ist nur eines von über tausend Ausstellungsstücken.

RECHTS: Grosvenor Museum, *Grosvenor Street*. Geschichte der Römerfestung, schöne Sammlung römischer Grabsteine und Altäre.

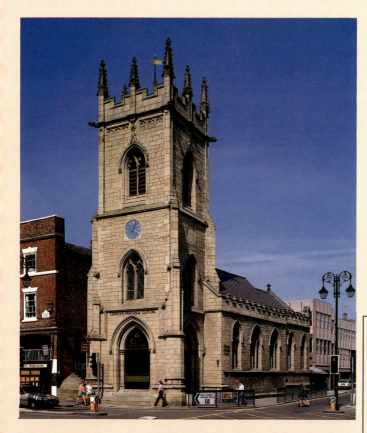

Das Amphitheater
(s.S.3)

Burg Chester
(s.S.17)

**Kathedrale von
Chester**
(s.S.4–7)

**King Charles's
Tower**
(s.S.8)

Der Römergarten
(s.S.2–3)

**Die Ruine der
Kirche St John**
(s.S.9)

**Chester Visitor
Centre**
Vicar's Lane
Eine Video-
Präsentation und
elektronische
Stadtkarte geben
Einblick in die
Geschichte der
Stadt. Außerdem ist
eine Straßenszene
aus dem 19. Jh.
rekonstruiert.
Auskünfte über
Unterkünfte und
sonstige Sehens-
würdigkeiten.

Guildhall Museum
Watergate Street
Dieses kleine
Museum ist der
Geschichte von
Bürgern und Gilden
der Stadt Chester
vom Mittelalter bis
in die heutige Zeit
gewidmet.

St Mary's Centre
*St Mary's Hill, über
Castle Street*
Diese wunderschöne
Kirche aus dem
15. Jh. ist heute
ein vielbesuchtes
Bildungs- und
Veranstaltungs-
zentrum.

St Olave's Centre
St Olave Street
Diese dem Nor-
wegerkönig Olaf
geweihte Kirche
aus dem 12. Jh.
erinnert an die
norwegisch-irische
Gemeinde in säch-
sischer Zeit.

**Tourist Information
Centre**
Town Hall
Northgate Street
(s.S.20)

RECHTS: Die riesige Schale des größten schwenkbaren Radioteleskops der Welt Jodrell Bank ist ein vertrauter Anblick. Es wird ergänzt durch eine 'praktische' Ausstellung und ein Planetarium.

OBEN: Das Bootsmuseum in Ellesmere Port besitzt die größte schwimmende Sammlung von Fahrzeugen für die Binnenschiffahrt.

OBEN: Das Dorf Malpas ist der Geburtsort von Bischof Heber, Komponist zahlreicher beliebter Kirchenlieder. Die Kirche St Oswald aus dem 14. Jh. ist bemerkenswert für ihre Bossendecke.

RECHTS: Der Zoo von Chester besitzt eine der größten Wildkatzensammlungen des Landes. Dieses seltene Sibirische Tiger-Junge beweist den Erfolg des Nachzuchtprogramms des Zoos.

OBEN: Die Salzgewinnung ist eine bedeutende Industrie in Cheshire. Früher wurde es aus Bergwerken gefördert, heute wird es als Sole nach oben gepumpt. Das Salzmuseum in Northwich gibt einen Einblick in die Geschichte der Industrie.

Boat Museum
Ellesmere Port
Das Bootsmuseum verfügt über die größte schwimmende Sammlung von Kanalbooten. Zu sehen sind auch die Cottages der Arbeiter, Dampfloks und eine Ausstellung im Museumsgebäude. Bootsfahrten.

Bonewaldesthorne's Tower
in der nordwestlichen Ecke der Stadtmauer
Der nach einem Kommandanten der königlichen Armee zur Zeit des Bürgerkriegs benannte Turm stand früher im Fluß, wo er als Wachturm diente.

Beeston Castle
Tarporley
Von dieser eindrucksvollen Festung aus dem 12. Jh. bietet sich ein herrlicher Ausblick über die Cheshire Plain. Zur Faszination dieses unter Denkmalschutz stehenden Gebäudes tragen auch Höhlen, ein tiefer Brunnen aus mittelalterlicher Zeit und Sagen von verschwundenen Schätzen bei.

Cheshire Workshops
Burwardsley
Die größte Werkstätte handgezogener Kerzen in ganz Europa.

Erddig Hall
Wrexham
Ein vom National Trust betreuter Landsitz aus dem 17. Jh., der aufgrund seiner weitläufigen Parkanlagen, zu denen auch ein Efeugarten aus dem 18. Jh., National Ivy Collection, gehört, besonders sehenswert ist.

The Groves
(s.S.16)

Military Museum
Castle Street
Das in der Burg Chester untergebrachte Militärmuseum ist vor allem dem 22nd 'Cheshire' Regiment, dem Cheshire Yeomanry, den 3rd Carabiniers und den 5th Iniskillin Dragoon Guards gewidmet.

Port Sunlight
Die Geschichte dieses im 19. Jh. von Lord Leverhulme für die Arbeiter in seiner Seifenfabrik erbauten Dorfes wird im Heritage Centre anschaulich erläutert.

The Roodee
(s.S.5)

Water Tower
Tower Road
Der Wasserturm wurde 1332 zur Befestigung der Hafenanlagen erbaut, als der Dee noch nicht versandet war und seinen Lauf geändert hatte. Das mittelalterliche Bauwerk steht heute inmitten herrlicher Gartenanlagen.

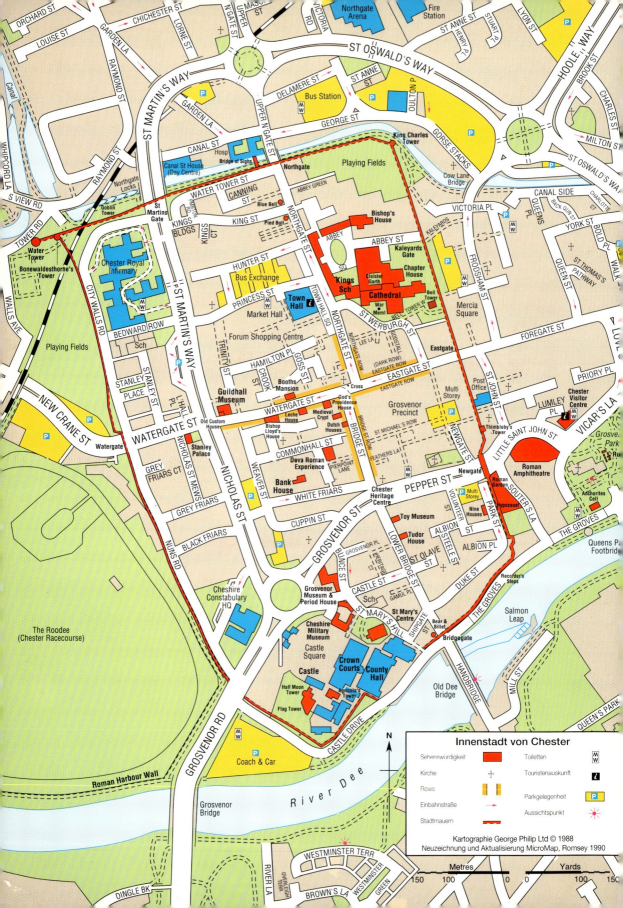

Innenstadt von Chester

Sehenswürdigkeit		Toiletten
Kirche		Touristenauskunft
Rows		Parkgelegenheit
Einbahnstraße		Aussichtspunkt
Stadtmauern		

Kartographie George Philip Ltd © 1988
Neuzeichnung und Aktualisierung MicroMap, Romsey 1990